Philipp Scheidemann 18
Arbeiterführer und Repu

Prolog: Der 9. November 1918 – Zeitenwende

„Die Nacht zum 9. November war schlaflos gewesen, sie kam mir endlos vor."[1] Mit diesen Worten beginnt der gebürtige Kasseler Sozialdemokrat Philipp Scheidemann das Kapitel seiner 1928 veröffentlichten Memoiren über den entscheidenden 9. November 1918, den Tag, an dem er Geschichte schrieb. Es war der Tag, an dem das wilhelminische Kaiserreich für immer zusammenbrach.

Im fünften Jahr des Ersten Weltkrieges waren die Massen im kaiserlichen Deutschland erschöpft und kriegsmüde. Der Ruf nach Frieden, Freiheit und Brot erschallte durch das Reich. Die Ende Oktober 1918 von den meuternden Matrosen der Kriegsmarine in den Seehäfen ausgehende revolutionäre Welle spülte in Windeseile die fürstlichen Kronen fort – ohne große Gegenwehr und nahezu ohne Blutvergießen. Die Revolution erreichte am 9. November die Reichshauptstadt Berlin. Am Morgen dieses Tages verkündete die SPD den Generalstreik. Philipp Scheidemann, einer der beiden Vorsitzenden der SPD, trat von seinem Amt als Minister in der knapp fünf Wochen zuvor gebildeten Reichsregierung unter Prinz Max von Baden zurück. Die SPD erneuerte ihre Forderung nach Abdankung von Kaiser Wilhelm II. und nach einer Übertragung der Regierungsgeschäfte an die Partei und zwar „gründlich und restlos". Schließlich verkündete Reichskanzler Prinz Max eigenmächtig die Abdankung des Kaisers und übertrug Friedrich Ebert, dem anderen SPD-Vorsitzenden neben Scheidemann, die Regierungsgeschäfte.

An diesem entscheidungsschweren Tag kam es gegen 14 Uhr vor dem Reichstag zu einem bedeutenden Ereignis. Der Hauptbeteiligte, Philipp Scheidemann, schildert in einer Rundfunkaufnahme 1920 in der ihm eigenen Dramatik diesen Moment, als zahlreiche Arbeiter und Soldaten in den Reichstag zu den dort versammelten Spitzen der SPD strömten[2]:

> *„Da stürmte ein Haufen von Arbeitern und Soldaten in den Saal, gerade auf unseren Tisch zu. Fünfzig Menschen schrien zugleich ‚Scheidemann kommen Sie mit uns. Philipp, Du musst hier raus und reden'. Ich wehrte ab; ach, wieviel hatte ich schon reden müssen! ‚Du musst, Du musst, wenn Unheil verhütet werden soll'. – ‚Draußen stehen Tausende, die verlangen, daß Sie reden. – Scheidemann komm' schnell, vom Schlossbalkon aus redet Liebknecht'. – ‚Na wenn schon'. – ‚Nein, nein kommen Sie mit, Du musst reden'."*

Scheidemann erkannte schließlich die Notwendigkeit zu handeln:

„‚Liebknecht will die Sowjetrepublik ausrufen!' – Was? Nun sah ich die Situation klar vor Augen. Deutschland also eine russische Provinz, eine Sowjet-Filiale? Nein! Tausendmal nein!"

Scheidemann trat auf einen Balkon des Reichstages und richtete das Wort an die Menge:

„Arbeiter und Soldaten! Furchtbar waren die vier Kriegsjahre. Grauenhaft waren die Opfer, die das Volk an Gut und Blut hat bringen müssen. Der unglückselige Krieg ist zu Ende; das Morden ist vorbei. Die Folgen des Kriegs, Not und Elend, werden noch viele Jahre lang auf uns lasten. Die Niederlage, die wir unter allen Umständen verhüten wollten, ist uns nicht erspart geblieben. Unsere Verständigungsvorschläge wurden sabotiert, wir selbst wurden verhöhnt und verleumdet.

Die Feinde des werktätigen Volkes, die wirklichen ‚inneren Feinde', die Deutschlands Zusammenbruch verschuldet haben, sind still und unsichtbar geworden. Das waren die Daheimkrieger, die ihre Eroberungsforderungen bis zum gestrigen Tage ebenso aufrecht erhielten, wie sie den verbissensten Kampf gegen jede Reform der Verfassung, besonders des schändlichen preußischen Wahlsystems geführt haben. Diese Volksfeinde sind hoffentlich für immer erledigt. Der Kaiser hat abgedankt; er und seine Freunde sind verschwunden. Über sie alle hat das Volk auf der ganzen Linie gesiegt!

Prinz Max von Baden hat sein Reichskanzleramt dem Abgeordneten Ebert übergeben. Unser Freund wird eine Arbeiterregierung bilden, der alle sozialistischen Parteien angehören werden. Die neue Regierung darf nicht gestört werden in ihrer Arbeit für den Frieden, in der Sorge um Arbeit und Brot.

Arbeiter und Soldaten! Seid euch der geschichtlichen Bedeutung dieses Tages bewusst. Unerhörtes ist geschehen! Große und unübersehbare Arbeit steht uns bevor.

Alles für das Volk, alles durch das Volk! Nichts darf geschehen, was der Arbeiterbewegung zur Unehre gereicht. Seid einig, treu und pflichtbewusst!

Ein Foto, das oft der Ausrufung der Republik am 9. November 1918 zugeordnet wird. Tatsächlich ist Philipp Scheidemann bei einer Ansprache von einem Fenster der Reichskanzlei zu sehen.

Das Alte und Morsche, die Monarchie ist zusammengebrochen. Es lebe das Neue! Es lebe die Deutsche Republik!"

Die Tonaufnahme entstand Anfang 1920 im Aufnahmeraum der „Lautabteilung an der Preußischen Staatsbibliothek" für eine „Stimmensammlung".[3] Auch andere Politiker haben wichtige Reden für die Nachwelt nachgesprochen. Eine etwas andere Version dieser dramatischen Ereignisse überliefert Scheidemann in seinen späteren Erinnerungen.[4] Was Scheidemann wirklich den Massen am 9. November zurief, darüber streiten sich die Historiker. Denn ebenso wie kein Foto von der Ausrufung der Republik überliefert ist – das in den Publikationen als Illustration verwandte stammt wohl vom Mai 1919, wo Scheidemann als Regierungschef von einem Fenster der Reichskanzlei sprach[5] –, so existiert auch keine authentische Überlieferung von der Ausrufung der Republik. Das gab Scheidemann im Tonstudio die Möglichkeit, so zu reden, wie er meinte, geredet zu haben. Er nutzte die Gelegenheit, die ganze Situation pathetisch zu überhöhen.

Egal wie es abgelaufen ist: Es schmälert die Tat Scheidemanns nicht, auch wenn Zeitgenossen die Bedeutung herunterzuspielen versuchten, weil er lediglich als einer von vielen das gesagt habe, was ohnehin von den Massen erwartet worden sei. Eines war mit dieser Rede entschieden: Von nun an gab es kein Festhalten mehr an der Monarchie, nur den Schritt vorwärts in die Republik. Das erklärt auch, dass – nach Scheidemanns Überlieferung – Friedrich Ebert über die Aktion ungehalten gewesen sei, weil er darin einen Vorgriff auf die Rechte des zu wählenden Parlaments sah, das über die Staatsform zu entscheiden habe. Scheidemann aber hatte Fakten geschaffen. So gilt der 9. November 1918 zu Recht als ein „zentrales Datum der deutschen Demokratiegeschichte".[6]

Der Weg zum sozialdemokratischen Arbeiterführer

Philipp Scheidemanns Wiege stand in der engen Michelsgasse von Kassel:

„Wenn ich am 26. Juli 1865, als ich das ‚Licht der Welt' erblickte, der ganzen Umgebung wegen, mich sofort totgelacht hätte, so wäre das vielleicht das Gescheiteste gewesen. Mancher spätere Verdruss wäre mir vielleicht erspart geblieben. Aber ich hatte wohl Verständnis für die Komik meiner Umwelt, strampelte lausbübisch mit den Beinen und schrie, die Fäuste geballt, aus Leibeskräften, meiner Umgebung leider unverständlich, tagelang unermüdlich."[7]

Solch eigenwilliger Einstieg in sein Memoirenwerk offenbart einen eigenwilligen Kopf. Und das war Scheidemann, sollte er werden, ein Mann mit Ecken und Kanten, mitunter auch mit nordhessischer Sturheit, aber auch mit dem Schalk im Nacken.

Der Sohn des selbständigen Tapezierers und Polsterers Friedrich Scheidemann und seiner Ehefrau Wilhelmine war – wie er sein Grußwort auf dem SPD-Parteitag 1920 in Kassel in der ihm ureigenen launig-unterhaltsamen Art begann – „ein Kind dieser Stadt, geboren in ihrem ältesten und für mich schönsten Teile, da, wo die obersten Stockwerke der Häuser sich so nahe kommen, dass die Nachbarn sich fast die Hände reichen können. Ich kenne diese Stadt und ich liebe sie. [...] Hier lernte ich nicht nur laufen und raufen; hier lernte ich nicht nur lesen und schreiben, hier vernahm ich auch die erste Lehre von dem demokratischen Sozialismus, der die Völker der Welt befreien soll."[8]

Die umsorgte Kindheit in der Residenz- und Handwerkerstadt endete, als sein Vater arbeitsunfähig wurde und als Ernährer ausfiel, schließlich 1879 starb. So musste der 13-jährige Philipp die Höhere Bürgerschule verlassen, um zum Unterhalt der Familie beizutragen; dennoch blieb Not: „Ich habe in meinen Jugendjahren gehungert, wie nur ein Mensch hungern kann."[9] Politisch fand Philipp Scheidemann früh den Weg in die sozialdemokratische Partei, fasziniert durch die Schriften des Parteigründers Ferdinand Lassalle. Er trat der Bewegung 1883 – gerade mal 18-jährig – bei, zu einem Zeitpunkt, als die Sozialdemokratie und ihre Anhänger unter der Knute des Sozialistengesetzes standen, mit dem Reichskanzler Otto von Bismarck zwölf Jahre lang (1878 bis 1890) vergeblich die auf Gleichberechtigung, Freiheit und Demokratie zielende sozialistische Arbeiterbewegung niederhalten wollte.

Der gelernte Schriftsetzer verließ im Januar 1884 die Heimat zur Wanderschaft, kehrte 1886 unter anderem zur Regelung seiner Ausmusterung zurück, um dann wieder im September 1888 für längere Zeit zu gehen. Er fand Anstellung bei einer Buchdruckerei in Marburg, wo er im April 1889 Johanna Dibbern (1864–1926), die er 1884 in Norddeutschland kennengelernt hatte, heiratete,

Der junge Sozialdemokrat.

mit der er drei Töchter (Lina *1889, Luise *1891 und Hedwig *1893) haben sollte.

Bereits während seiner Zeit in Marburg profilierte er sich als sozialdemokratischer Multifunktionär. Er rief noch während des Sozialistengesetzes einen Ortsverein unter dem Tarnnamen „Gemütlichkeit" ins Leben und fungierte als Bezirksvorsitzender des Buchdruckverbandes. Die Sozialdemokratie wurde sein politisches Zuhause: „Sozialdemokrat sein, heißt ein Kämpfer sein für Wahrheit, Volkswohl und Volksfreiheit, ein Kämpfer für gleiches Recht."[10] Das war und blieb sein politisches Credo.

Nach Marburg arbeitete er ab 1895 bei mehreren sozialdemokratischen

Zeitungen – in Gießen, Nürnberg und Offenbach – und kehrte 1905 als Chefredakteur des geschäftlich und redaktionell abgewirtschafteten sozialdemokratischen „Volksblatts" wieder in die Heimat Kassel zurück. Von April 1908 bis zu seinem Weggang nach Berlin im Oktober 1911 gehörte er der Stadtverordnetenversammlung an und galt als der führende Redner seiner Partei im Rathaus. Seiner Heimatstadt setzte er 1910 ein mundartliches Denkmal mit seinen unter dem Pseudonym „Henner Piffendeckel" verfassten Kasseler „Geschichderchen", den „Erinnerunge an die scheene Lusejungenzidd", eine humorvolle Schilderung des gemeinen kleinen Kasseläners.[11]

1903 errang Scheidemann das Reichstagsmandat für den Stadt- und Landkreis Solingen. Er trat nicht nur hier im Reichsparlament als scharfzüngiger, schlagfertiger Redner auf, der mit Witz und Ironie zu begeistern vermochte, und die Zuhörer mit der ihm eigenen, „oftmals mit grimmigem Humor durchsetzten Art"[12] fesselte. Das bewies er bereits bei seiner Jungfernrede im Februar 1904 zum trockenen Thema der Reinhaltung von Luft und Wasser, die in dem stürmische Heiterkeit im Saale auslösenden Bild gipfelte:

> *„Die Wupper ist unterhalb Solingens tatsächlich so schwarz von Schmutz, dass, wenn Sie einen Nationalliberalen [gemeinhin mit der Farbe Blau identifiziert – W.M.] darin untertauchen, Sie ihn als Zentrumsmann [mit Schwarz in Verbindung gebracht wurde – W.M.] wieder herausziehen können."*[13]

Wer den Arbeiter für die Idee des Sozialismus gewinnen wollte, der musste über die Gabe der freien Rede verfügen und die Zuhörerschaft mitreißen können. Scheidemann konnte dies. Sein Metier war der öffentliche Auftritt; er präsentierte sich stets als der wortgewaltige Rhetoriker. Dies paarte sich mit einem feinen Gespür für Massenstimmungen, so dass sich der vielgebuchte Redner einen Ruf weit über die Partei und auch das Reich hinaus erwarb: 1913 führte ihn eine zweimonatige Vortragsreise durch die USA.[14]

Er machte seine Karriere innerhalb der Partei wesentlich über das Parlament, gestützt auf seine Fähigkeit der Rede. Er wurde 1911 auf dem Parteitag in Jena in den zentralen Vorstand der SPD gewählt. Das hat-

Philipp Scheidemann vor 1918.

te den Umzug der Familie nach Berlin zur Folge. Er arbeitete nun führend im Machtzentrum der Partei, deren Mitgliederzahl bis 1914 auf über eine Million ansteigen sollte und die einen Wahlsieg nach dem anderen verzeichnete. Nach dem Triumph der SPD bei den Wahlen 1912, als sie 34,8 Prozent erzielte und mit 110 Abgeordneten stärkste Fraktion wurde, wählte der Reichstag Scheidemann mit 188 gegen 174 Stimmen für den konservativen Gegenkandidaten zum 1. Vizepräsidenten. Das war ein weithin für Aufsehen sorgendes Ereignis: Ein Mann der ausgegrenzten Sozialdemokratie saß im Spitzengremium des Reichstages. Doch amtierte er nur kurz: Denn Scheidemann verweigerte – getreu dem sozialdemokratischen Prinzip, den Hofgang nicht zu machen – den üblichen Antrittsbesuch beim Kaiser. Bei der geraume Zeit später erfolgenden Neuwahl des Präsidiums fiel er dann durch. 1913, nach dem Tod des als „Arbeiterkaiser" verehrten Parteivorsitzenden August Bebel, wurde er einer der drei Vorsitzenden der SPD-Reichstagsfraktion.

In den theoretischen Streitigkeiten, die die SPD nach der Jahrhundertwende erschütterten, trat Scheidemann nicht hervor. Unter grundsätzlicher Anerkennung des Erfurter Parteiprogramms von 1891 zählte er zu den Reformisten und Pragmatikern, die Demokratie, soziale Gerechtigkeit und Gleichberechtigung der Arbeiterschaft auf dem Weg der kontinuierlichen Reform erringen wollten. Revolutionäre Phrasen drosch er nicht, obwohl er zunächst als ein Vertreter des linken Flügels in der Parteizentrale galt. Doch auf dem Parteitag 1913 verwarf er die von den Linken in der Partei verfochtenen offensiven Einsatz des Massenstreiks zur Durchsetzung politischer Ziele als schlichtweg undemokratisch.[15]

Als Mitglied der sozialdemokratischen Führungsriege war Scheidemann wesentlich daran beteiligt, die SPD aus der Paria-Stellung im Kaiserreich herauszuholen. Er machte die als vaterlandslose Gesellen und Landesverräter beschimpften Sozialdemokraten bündnisfähig für die bürgerlich-demokratischen Kräfte. Aber dazu bedurfte es eines Weltkrieges, der diesen Prozess beschleunigte, der aber auch in die Spaltung der SPD führte.

Burgfrieden und Verständigungsfrieden im Ersten Weltkrieg

Zum Ende des Juli 1914 hielt sich Scheidemann in Oberbayern auf. Der Urlaub wurde jäh unterbrochen durch die Zuspitzung der internationalen Lage nach dem Attentat auf den österreichischen Thronfolger in Sarajewo. In Berlin musste Scheidemann erfahren, dass die massenhaften Anti-Kriegs-Demonstrationen der SPD nichts mehr ausrichten konnten: Europa stürzte in den Krieg. Auf einer Friedenskundgebung 1912 in Paris hatte er den Sozialdemokraten der anderen Länder noch zugerufen, im Kriegsfalle nicht auf sie schießen zu wollen[16], doch mit der Einschätzung von einem Verteidigungskrieg gegen den blutdürstigen Zarismus, den die Reichsleitung geschickt propagierte, gehörte er im August 1914 zur großen Mehrheit der Partei, die den Burgfrieden mit dem Reich schloss. Damit wurde eine kontinuierliche Entwicklung vollendet.

Denn die SPD am Vorabend des Ersten Weltkrieges war im Grunde eine nationale Partei, die das Schicksal der Nation – nicht der wilhelminischen Ordnung – mit dem eigenen verknüpfte. Man fühle sich, so Scheidemann 1915, „als eine wahrhaft nationale Partei, als die Partei, die der ganzen Nation ein Anrecht auf ihr Vaterland erkämpfen will".[17] So war der 4. August 1914, die erstmalige Zustimmung der SPD-Fraktion zu den Kriegskrediten, für Scheidemann und die Mehrzahl seiner Genossen ein Markstein auf dem Weg der SPD in die Nation. Mit dem Bekenntnis zur Landesverteidigung stellte die Sozialdemokratie ihre Integrationsfähigkeit und Integrationswilligkeit in das Kaiserreich unter Beweis. Scheidemann hielt trotz einiger Momente des Wankens bis zum Ende des Krieges an der Burgfriedenspolitik fest.

Damit verzichtete die SPD auf die Auseinandersetzung mit der Reichsleitung und reihte sich in die nationale Abwehrfront ein. Doch sollte dies zum Spaltpilz der SPD werden. Denn eine wachsende Schar von Sozialdemokraten geißelte die Burgfriedenspolitik und die mehrfach geforderte Zustimmung zu immer neuen Kriegskrediten als Verrat an der sozialistischen Idee. Scheidemann entgegnete, die Burgfriedensbefürworter hätten als „aufrechte Sozialisten" lediglich „an ihrem eigenen in Not und Sorge befindlichen Volke ein Werk der Solidarität, der Hilfsbereitschaft" geleistet.[18] Der Bruch war unausweichlich. Nach der Gründung der USPD zu Ostern 1917 durch die Burgfriedensgegner, die die Stillhaltepolitik zwischen SPD und Regierung nicht mehr mitzutragen gewillt waren, wurde Scheidemann neben Friedrich Ebert Vorsitzender der SPD. Während des Weltkrieges stieg der mit der Wahl in das Reichstagspräsidium 1912 bereits allseits bekannt gewordene Scheidemann, einer von drei Vorsitzenden der SPD-Reichstagsfraktion, zum wohl populärsten (Mehrheits-)Sozialdemokraten im Reich auf, zum einen zur Galionsfigur in den eigenen Reihen, zum anderen zur Reizfigur für das monarchistisch-bürgerliche Lager. Selbst im Bürgertum sprach man mitunter von der SPD kurzerhand als der „Partei Scheidemann"[19], worin sich sein Bekanntheitsgrad manifestierte.

Er hatte sich vor allem als außenpolitischer Exponent der SPD positioniert und profiliert. Seine Forderung nach einem Verständigungsfrieden ohne Gebietszuwächse und ohne Kriegsentschädigungen („Frieden ohne Annexionen und Kontributionen"), mit dem er gegen die Parole vom „Siegfrieden" der Kriegstreiber zu Felde zog, wurde bald weithin als „Scheidemann-Frieden" bezeichnet. Er begrüßte die Initiative der bürgerlichen Parteien der Mitte im Juni 1917 zur Bildung eines Interfraktionellen Ausschusses mit der SPD. Denn dieses informelle Gremium war ein erster Schritt zum Bündnis mit dem Bürgertum, das sogleich mit der Friedensresolution des Reichstages ein sichtbares Zeichen setzte, wenngleich diese ohne Wirkung auf die Politik der zivilen und militärischen Reichsführung blieb. Wenig Erfolg beschieden waren auch die Bemühungen um eine Verständigungskonferenz der sozialistischen Parteien der Feindstaaten. Im Frühjahr 1917 hielt sich Scheidemann in Stockholm zu Vorgesprächen für einen Kongress der Sozialisten auf. Doch kam eine solche Friedenskonferenz nicht zustande.

Der leidenschaftliche Redner, hier bei einer Parteiversammlung, verdankt seinen Aufstieg in der SPD vor allem auch der Fähigkeit, die Massen zu begeistern.

Insgesamt waren die mehr als vier Jahre des Krieges eine Zeit der extremen mentalen und körperlichen Belastung. Eine Konferenz jagte die andere, zahllose Besprechungen innerhalb Partei und mit Regierungsstellen beanspruchten ihn aufs Äußerste, was bei einigen seiner Kollegen bis zum körperlichen oder seelischen Zusammenbruch führte. Scheidemann errechnete für sich „ungefähr 6.000 Besprechungen der verschiedensten Art" in der Kriegszeit, dabei täglich vier veranschlagend.[20] Das alles zehrte an der Kraft und sorgte für dauerhafte gesundheitliche Schäden.

Während des Krieges wurde aus der innerparteilichen Integrationsfigur Scheidemann der Mittelsmann zwischen SPD und kaiserlicher Regierung. Die Forderung war dabei deutlich: Teilhabe an der Macht, denn, so stellte er auf dem Würzburger Parteitag im Oktober 1917 heraus, die SPD sei „durch den Krieg zu einer Partei geworden mit der unmittelbaren Anwartschaft auf die Macht im Staate". Und weiter: „So oder so wird sich das parlamentarische System durchsetzen."[21] Ein Jahr später sollte es so kommen.

Als im Zeichen der Kriegsniederlage im Oktober 1918 erstmals eine Regierung im Einvernehmen mit den Reichstagsparteien bestellt wurde, trat Scheidemann als „Staatssekretär" (wie die Amtsbezeichnung der Minister seinerzeit lautete) in die erste parlamentarisch abgestützte kaiserliche Regierung unter Reichskanzler Prinz Max von Baden ein. Er tat dies mehr aus Parteidisziplin denn aus innerer Überzeugung, hielt er im Rückblick doch das Ganze für ein „bankrottes Unternehmen".[22] Er war somit – neben dem engen Ebert-Vertrauten Gustav Bauer – der erste sozialdemokratische Minister in der deutschen Geschichte.

Doch die Ende Oktober verabschiedeten Verfassungsreformen, durch die unter anderem das Gewicht des Reichstages gegenüber der Regierung gestärkt wurde und mit der die konstitutionelle Monarchie in eine parlamentarische übergeleitet wurde, waren zwar ein Meilenstein auf dem Weg zur Demokratie. Die Neuerungen umfassten zentrale Bestandteile jener Reformen, für die Scheidemann immer gestritten hatte. Aber sie kamen zu spät, um noch eine mäßigende Wirkung auf die öffentliche Meinung und die gereizte Stimmung im Lande zu erzielen und verlorenes Vertrauen der Bevölkerung in die Reichsleitung zurückzugewinnen. Die Revolution war nicht mehr aufzuhalten.

Denn schon am 9. November 1918 brach das wilhelminische Reich endgültig zusammen. Drei Tage zuvor hatte Scheidemann die Partei angesichts der revolutionären Ereignisse im Norden, die Revolte der Matrosen, gemahnt: „Jetzt heißt's, sich an die Spitze der Bewegung stellen, sonst gibt's anarchische Zustände im Reich."[23] Die SPD verstand sich zwar als eine revolutionäre, jedoch nicht als eine revolutionsmachende Partei. Aber als mit der Kriegsniederlage der Untergang drohte, übernahm sie das Steuer eines sinkenden Schiffes. Auch Scheidemann sprang mit hohem Verantwortungsethos wieder in die Bresche – und zwar an führender Stelle.

Volksbeauftragter in der Revolution 1918/19

Mit der Ausrufung der Republik am 9. November 1918 versetzte Scheidemann dem in Agonie liegenden Kaiserreich den Todesstoß – eine Tat mit kaum zu überschätzender Symbol- und Signalwirkung. Dem tags darauf aus je drei Vertretern von SPD und USPD gebildeten „Rat der Volksbeauftragten", der revolutionären Übergangsregierung, gehörten neben Scheidemann von der SPD Friedrich Ebert und Otto Landsberg sowie von der USPD Hugo Haase, Wilhelm Dittmann und Emil Barth an.

Keine andere Regierung in der deutschen Geschichte stand vor einer so schwierigen Gemengelage, keine andere hatte derartig breit gefächerte und tiefgehende Probleme zu bewältigen wie die Revolutionsregierung, die Scheidemann später einmal sehr treffend als „sechsköpfiger Reichskanzler"[24] bezeichnete. Als Konkursverwalter des Kaiserreiches musste der Krieg liquidiert, die Reichseinheit aufrechterhalten und die Versorgung der ausgemergelten Soldaten und Zivilisten gesichert werden – und dabei war auch noch der Grundstein für die Demokratie zu legen. Das Ziel war der rasche Zusammentritt der Nationalversammlung. Als zunächst einige Tage für den Finanzbereich, dann für das Presse- und Nachrichtenwesen zuständiger Volksbeauftragter wurde Scheidemann nicht müde, für baldige Wahlen zu werben. Wie die Mehrheit der SPD wollte auch er, dass das weitere Schicksal des Reiches in die Hände der neuen Volkvertretung gelegt werden sollte. Das war ureigenes demokratisches Prinzip; die Revolutionsregierung hatte in seinen Augen nur ein begrenztes Mandat zur Sicherung der Lebensverhältnisse und zur Wegbereitung in die Demokratie.

Bei der entscheidenden Frage um die künftige Staatsform, ob parlamentarische Republik oder Rätesystem, setzte Scheidemann voll auf die parlamentarische Karte und baldige Wahlen für ein republikanisches Nationalparlament. Gewiss, auch für ihn waren die Arbeiter- und Soldatenräte als Träger der Revolution „eine vorübergehende Notwendigkeit", aber sie besaßen eben keine Legitimation des ganzen Volkes, denn dieses sollte in der Gesamtheit über den weiteren Weg entscheiden: „[…] ich wünsche, dass in der verzweifelten Situation, in der wir uns befinden, nicht eine Klasse, sondern das ganze deutsche Volk die Verantwortung trägt".[25] Demokratie war Teilhabe aller am Entscheidungsprozess. Das war sein unumstößliches Verständnis von Demokratie. Und die Nationalversammlung sollte so schnell wie möglich zusammentreten. Die Entscheidung fiel auf dem zentralen Kongress der Arbeiter- und Soldatenräte, der sich Mitte Dezember 1918 in Berlin mit großer Mehrheit für das parlamentarische System und baldige Wahlen aussprach.

Trotz aller Widrigkeiten und einer permanenten Beanspruchung, zu der später noch die Gefahr für Leib und Leben kam, gelang es der Revolutionsregierung, den drohenden Zusammenbruch des Reiches abzuwenden und den Weg in die Republik zu bahnen – binnen weniger Wochen. Grundlegendes wurde am 12. November 1918 entschieden: In einer als „Magna Charta der Revolution" in die Geschichte eingegangenen Verordnung verfügte die Revolutionsregierung Grundrechte wie Vereins- und Versammlungsfreiheit,

Der „sechsköpfige Reichskanzler": Philipp Scheidemann (r.) in dem am 10. November 1918 gebildeten „Rat der Volksbeauftragten", der Revolutionsregierung, mit (von l.) Emil Barth (USPD), Otto Landsberg (SPD), Friedrich Ebert (SPD), Hugo Haase (USPD) und Wilhelm Dittmann (USPD).

Meinungs- und Religionsfreiheit sowie den Achtstundentag und das Frauenwahlrecht. Dies entsprach ursozialdemokratischen Forderungen, für die Scheidemann Zeit seines Lebens gekämpft hatte. So schreibt er mit vollem Recht von einem eindrucksvollen Werk: „Was mit dieser knappen Verordnung dekretiert worden ist, hätte unter anderen Umständen in Deutschland in vielen Jahren nicht erreicht werden können."[26]

Eine Politik der radikalen Erneuerung stand nicht auf seinem Fahrplan. Dies sollte Aufgabe der künftigen Volksvertretung bleiben. Für Scheidemann besaß die Konsolidierung der innenpolitischen Verhältnisse, nach seiner Ansicht abhängig von der Funktionstüchtigkeit von Verwaltung und obersten Militärbehörden, absoluten Vorrang vor strukturellen Reformen. Das war eine nüchtern-pragmatische Analyse der Möglichkeiten von Politik im Zeichen von Revolution und Kriegsende.

Neben einem auf die Funktionstüchtigkeit des Staates ausgerichteten Handeln und Denken war die Sorge um Überwindung der desolaten wirtschaftlichen und sozialen Lage für den Verzicht der Revolutionsregierung auf einen umfassenden personellen Wechsel in den politischen und militärischen Kernbereichen verantwortlich. Das gehörte zu den Basiskompromissen, die nach Ansicht einiger (linker) Zeitgenossen und einiger Historiker über das unbedingt notwendige Maß hinausgegangen seien. Damit habe die Revolutionsregierung Chancen zu einer notwendig erachteten Neuordnung nicht genutzt. Doch der Blick auf das, was möglicherweise „versäumt" wurde, hat den Blick auf das, was in den Wirren infolge von Kriegsniederlage und Umsturz erreicht – und zwar in knapp zehn Wochen – und was zudem auch noch vermieden wurde, manchmal verstellt. So gab es nicht nur verpasste Chancen, sondern auch verhinderte Katastrophen. Und überdies darf beim Blick auf die Zeit nicht übersehen werden, dass sich die Lage verschärfte: Mit dem Austritt der USPD aus dem Rat der Volksbeauftragten Ende Dezember 1918 nahm die Gewalt zu, verlagerten sich die Auseinandersetzungen auf die Straße. Sie hatten ihren Höhepunkt Anfang 1919 im Januar-Aufstand der radikal-revolutionären Linken und seiner rücksichtslosen Niederwerfung durch Regierungstruppen sowie in der brutalen Ermordung der kommunistischen Führer Karl Liebknecht und Rosa Luxemburg durch rechte Freikorpssoldaten.

In den Tagen lag eine enorme Belastung auf den Handlungsträgern. Die politisch Verantwortlichen befanden sich in einem politischen „Hexenkessel". Man müsse – so Scheidemann Ende Dezember 1918 – ein „Fell wie ein Rhinozeros" haben.[27] Ob er selbst wirklich so dickhäutig war? Das bleibt dahingestellt. Unbestritten war es Verdienst von Scheidemann und der Revolutionsregierung, dass angesichts der schwierigen Rahmenbedingungen das Chaos abgewendet wurde und schon nach so kurzer Zeit ein Reichsparlament zusammentreten konnte.

Scheidemann gehörte zu den entschlossenen Wegbereitern der Demokratie. Es gelang der Revolutionsregierung, den Pfad in die Republik freizulegen. Bereits am 19. Januar 1919 konnten die deutschen Männer und Frauen ihre Nationalversammlung bestimmen; es

Im „Hexenkessel" der Revolution 1918: die beiden SPD-Vorsitzenden Philipp Scheidemann (l.) und Friedrich Ebert (ihm gegenüber). In ihren Gesichtern ist die Anspannung der Zeit abzulesen.

waren die ersten wirklichen freien und gleichen Wahlen in der deutschen Geschichte. Hieran hatte Philipp Scheidemann wesentlichen Anteil. Nun galt es, den neuen Staat verfassungsrechtlich zu fundamentieren.

Erster Kanzler der Republik

Die Wahlen vom Januar 1919 sahen die SPD weit in Front. Der wegen der Unruhen in Berlin nach Weimar einberufenen Nationalversammlung oblagen drei wesentliche Aufgaben: eine Verfassung zu schaffen, Frieden zu schließen und zu allererst eine stabile Regierung zu bilden. Als Taktgeber fungierte die SPD, die ein Drittel der Stimmen erzielt hatte und die auf eine Koalition mit dem demokratischen Bürgertum, mit katholischer Zentrumspartei und linksliberaler DDP zusteuerte. Diese sogenannte „Weimarer Koalition" war auch Scheidemanns Wunschkombination, und sie war alternativlos. Bei der Besetzung der zentralen Staatsämter Reichspräsident und Reichskanzler kam eine in der Revolutionszeit ständig zunehmende Rivalität zwischen Ebert und Scheidemann zum Tragen. Die Beziehungen zwischen den Männern, die in schwierigster Zeit – in Weltkrieg und Revolution – gemeinsam an der Spitze der SPD gestanden und in der Umbruchsphase die Weichen auf Demokratie gestellt hatten, kühlten merklich ab. Dabei zeigte es sich, dass Scheidemann trotz seiner Popularität und seines Bekanntheitsgrades in der Parteihierarchie hinter Ebert rangierte. Der in taktischen Fragen gewieftere Ebert setzte sich schließlich durch und wurde Reichspräsident, während Scheidemann, der durchaus mit dem höchsten Staatsamt liebäugelte, als Regierungschef die erste demokratische Regierung in der deutschen Geschichte anführte.

Nachdem Ebert am 11. Februar zum Reichspräsidenten gewählt worden war, übernahm Scheidemann zwei Tage später das Amt des Reichskanzlers (mit der bis zur Verabschiedung der Reichsverfassung im August 1919 offiziellen Amtsbezeichnung „Reichsministerpräsident"), gestützt auf eine komfortable Dreiviertelmehrheit der Weimarer Koalition. In seiner Regierungserklärung verlieh er der Hoffnung Ausdruck, die Demokratie „ohne Bürgerkrieg und Blut-

Die erste republikanische Regierung mit Reichsministerpräsident Philipp Scheidemann (4.v.l.).

vergießen"[28] ausbauen zu können. Doch die Realität sollte anders aussehen. Denn seine viermonatige Regierungszeit war im Innern durch Unruhen, Streiks, Aufstände und separatistische Bestrebungen gekennzeichnet. In die erste Jahreshälfte 1919 fielen u. a. die März-Kämpfe in Berlin und die Niederschlagung der Münchner Räterepublik mit hohem Blutzoll, was eine Radikalisierung in Teilen der Arbeiterschaft und deren Entfremdung von der SPD nach sich zog.

Scheidemanns Regierung zerbrach jedoch nicht an den inneren Konflikten, sondern unter dem Druck des Friedensvertrages von Versailles, den er selbst als „Schandfrieden" nicht anzunehmen bereit war. Der Mann der großen prägenden Worte fand auch hier ein markantes Bild, als er nach der Übergabe der weithin als erniedrigend und unerfüllbar betrachteten alliierten Friedensbedingungen die Stimmungslage des überwiegenden Teils der Deutschen auf einer Sondersitzung der Nationalversammlung in der Aula der Berliner Universität am 12. Mai 1919 formulierte: „Welche Hand müsste nicht verdorren, die sich und uns in diese Fesseln legt?"[29] Mit dem kategorischen Nein zum alliierten Vertragsentwurf, was der Haltung der überwiegenden Mehrheit der Deutschen entsprach, hatte er sich selbst jeden Spielraum für eine flexible Reaktion genommen. Nach dieser Sitzung stand fest: Scheidemann hatte sich durch das „Unannehmbar" unumstößlich auf Ablehnung festgelegt, sofern die alliierten Siegermächte nicht doch zu substantiellen Zugeständnissen bereit seien. Sie waren es erwartungsgemäß nicht, so dass Scheidemann konsequenterweise als Regierungschef zurücktrat, zumal sein Kabinett gespalten war: Sieben Minister stimmten für, sieben gegen eine Annahme des Vertrages. Zu den letzteren zählte auch Scheidemann,

Er machte den Umschwung nicht mit, den viele seiner Parteifreunde in der für sie bitteren Erkenntnis, dass es keine Alternative zur Unterschrift gab, wenn man nicht einen weiteren Waffengang riskieren wollte, im allerletzten Moment vollzogen und zähneknirschend „Ja" sagten. Philipp Scheidemann blieb unbeirrt bei seiner Ablehnung und demissionierte am 20. Juni. Für seinen Rücktritt konnte Ebert, der sich schließlich nach anfänglicher Ablehnung des Vertrages zur Unterzeichnung und damit zum Ausharren im Amt entschied, kein Verständnis aufbringen. Zwischen beiden kam es dann im Herbst 1919 über die Militärpolitik zum endgültigen Zerwürfnis, „zum heillosen Bruch zwischen Ebert und mir", wie Scheidemann noch Jahre danach unumwunden zugeben sollte.[30]

Berlin, 12. Mai 1919: Scheidemann mit seiner Tochter Luise auf dem Weg zur Sondersitzung der Nationalversammlung, auf der er seine Ablehnung des Friedensvertrages begründet.

Physisch und psychisch ausgezehrt begab sich Scheidemann nach seinem Rücktritt zur Erholung in die Schweiz. Er kehrte im September 1919 auf das politische Parkett mit einem Paukenschlag zurück. In einer Rede in Kassel griff er, der an Popularität innerhalb der eigenen Reihen kaum eingebüßt hatte, scharf die weiter von der SPD geführte Regierung unter seinem Nachfolger Gustav Bauer an, der er übergroße Nachsicht gegenüber den Republikgegnern vorwarf. Der nunmehr zum ersten Fraktionsvorsitzenden gewählte Scheidemann nutzte seine wiedergewonnene exponierte Rolle, um vor den antirepublikanischen Tendenzen in der Reichswehr und der zunehmenden Gefahr für die Republik zu warnen. Denn nichts dagegen zu tun, würde zu einer wachsenden Unzufriedenheit in der Anhängerschaft führen. So profilierte er sich innerhalb der SPD als ein linker Kritiker, der den Sozialdemokraten in Regierungsverantwortung mangelnden Handlungswillen und fehlendes Durchsetzungsvermögen unterstellte. Er wurde das Sprachrohr der Unzufriedenen.

Am 9. März 1920 warnte Scheidemann in einem „Die Reaktion" betitelten Beitrag im „Casseler Volksblatt" vor den Treibereien der rückwärtsgewandten Kräfte.[31] Wie Recht er haben sollte, offenbarte sich wenige Tage später, als rechtsradikale Kreise um Wolfgang Kapp und General Walther von Lüttwitz die im Friedensvertrag vorgesehene drastische Reduktion des militärischen Potentials zum Anlass für den Umsturz nahmen. Zu diesem Zeitpunkt war Scheidemann bereits Oberbürgermeister von Kassel.

Er hielt die schwankenden Generäle in Kassel, die eine der obersten Kommandobehörden im Reich befehligten, nachdrücklich an, sich zur demokratischen Regierung zu bekennen. In Stuttgart, in das große Teile der Regierung geflüchtet waren und wohin die Nationalversammlung einberufen wurde, führte Scheidemann einen Generalangriff gegen Reichswehrminister Gustav Noske, seinen Parteigenossen, indem er die Missstände bei der Reichswehr und vor allem deren mitunter offenen antirepublikanischen Tendenzen anprangerte.[32] Er musste sich durch den Putsch in seiner Kritik an der zu wenig konsequenten Militärpolitik von Noske und Ebert bestätigt sehen. Mit seiner scharfen Rüge trug er wesentlich zu dem aus den Reihen von SPD und Gewerkschaften nachdrücklich geforderten Rücktritt Noskes bei. Auch nach dem Scheitern des Putsches, der innerhalb nur weniger Tage sang- und klanglos zusammenbrach, vor allem am Generalstreik der Arbeiterbewegung scheiterte, warnte Scheidemann immer wieder vor einer unkontrollierten, von antidemokratischem Gedankengut durchdrungenen und höchst unzuverlässigen Militärmacht.

Oberbürgermeister von Kassel

Im Juni 1919 beendete Scheidemann seine Zeit in den Schaltzentralen der Macht nach sieben Monaten. Auf der Ebene des Reiches hatte er nach dem Rücktritt seine Karriere kaum fortsetzen können. So griff er zu, als ihn die Sozialdemokraten seiner Heimatstadt Kassel für den vakanten Posten des Oberbürgermeisters gewinnen wollten. Am 19. Dezember 1919 wurde er mit 48 von 86 Stimmen zum Stadtoberhaupt der Fulda-Stadt gewählt. Scheidemann war wie die wenigen anderen Sozialdemokraten, die nach der Revolution von 1918/19 in das Amt eines Oberbürgermeisters einer größeren Stadt gelangten, in dieser Position ein Neuling. Bis 1933 sollte er der einzige Sozialdemokrat unter den Oberbürgermeistern der preußischen Provinz Hessen-Nassau, der die Regierungsbezirke Kassel und Wiesbaden umfasste, bleiben.

Die Übernahme des Amtes bot zunächst einmal berufliche Sicherheit; sie erschien aber auch als ein Gang in die Provinz. Gewiss war es kein Rückzug auf einen ruhigen Sessel, eher auf einen Schleudersitz. Denn bereits im Vorfeld seiner Wahl kam es zu massiven Protesten bis weit in das liberale Bürgertum der Stadt hinein, die sich gegen ihn stellte. Der Parteipolitiker als Quereinsteiger wurde argwöhnisch beäugt. Das galt vor allem für Sozialdemokraten, die nach allgemeiner bürgerlicher Einschätzung unrechtmäßig durch die Revolution an die Schalthebel der Macht gelangt waren. Auch war Scheidemann der erste Nichtjurist auf dem Stuhl des Kasseler Oberbürgermeisters. Das wurde als gravierender Mangel gesehen. Ein hervorstechendes parteipolitisches Credo galt weithin als Manko.

An der im Kaiserreich vorherrschenden landläufigen Meinung des Bürgertums, dass ein Stadtoberhaupt unpolitisch sein müsse, hatte sich nur wenig geändert. Parteipolitik besaß bei vielen in der Zeit der Weimarer Republik immer noch negative Assoziationen. Die Begriffe „Parteipolitiker" und „Verwaltungsfachmann" galten weiterhin bei Teilen der Öffentlichkeit beinahe als Antonyme, gipfelnd in dem Vorurteil, ein (Partei-)Politiker könne nicht erfolgreicher Verwaltungschef sein.

Fest zementierte Stereotypen und tradierte Vorurteile aus wilhelminischer Zeit hafteten weiterhin der Sozialdemokratie und den Sozialdemokraten an. Mehr noch: Für das konservative Bürgertum waren die Sozialdemokraten nicht nur verantwortlich für den Untergang des geliebten Kaiserreiches, sondern auch für die vollkommen unerwartete Niederlage im Ersten Weltkrieg. Dieses lastete auf Scheidemann, der für die Bürger, die der Monarchie nachtrauerten, als negative Symbolfigur für all das verhasste Neue stand. Vorschusslorbeeren bekam er zweifelsohne nicht.

Eine Zeit der Bewährung, sich an Amt und Aufgabe zu gewöhnen, sich einzuarbeiten, räumte ihm die (bürgerliche) Öffentlichkeit nicht ein. Scheidemann wiederum zeigte keine sichtbaren Ambitionen, das ihm doch fremde Amt „zu erlernen" und für sich als neues Aufgabenfeld zu entdecken, sich intensiv in die Materie einzuarbeiten und seine anderen Tätigkeitsfelder zurückzustellen. Seine Kraft voll und ganz der neuen Aufgabe in Kassel zu widmen, war der Vollblutparlamentarier und Volkstribun nicht bereit. Es sollte sich als schwerwiegender Fehler herausstellen, nicht auf das Reichstagsmandat zu verzichten. Das machte ihn höchst anfällig für eine öffentliche Kritik, die ge-

Ein Hoch auf die Republik: der Oberbürgermeister bei der Fahnenweihe der republikanischen Kampforganisation „Reichsbanner Schwarz-Rot-Gold" am 26. Oktober 1924 in Kassel.

nau dieses parteipolitische Odium missbilligte.

Das Verwaltungshandeln in der Kommune war Neuland für den in der Wolle gefärbten Parteipolitiker und glänzenden Redner. Doch wie auch schon als Sekretär der Parteizentrale, wo er sich über die vor allem von seinem Vorstandskollegen Friedrich Ebert mit Akribie bewältigten Verwaltungs- und Organisationsangelegenheiten, für die Massenpartei so unendlich notwendig, mokiert hatte[33], verabscheute er die Tiefen beharrlicher Kleinarbeit: „Die Aufgabe eines Oberbürgermeisters besteht nicht darin, hinter jedem Feldhüter und Laternenanstecker herzulaufen und aufzupassen." Er habe vielmehr das „große Ganze im Auge zu behalten".[34] Zum Aktenwurm taugte er wahrlich nicht; bürokratisches Handeln war nicht sein Metier. Er war „mehr Agitator als Organisator"[35], wie sein Parteigenosse Wilhelm Dittmann später festhalten sollte.

Er führte die Stadt in extremer Zeit. In der nachrevolutionären Phase mit galoppierender Inflation sowie sozialen und wirtschaftlichen Verwerfungen war Kommunalpolitik Zwängen ausgesetzt, die die Handlungsmöglichkeiten massiv begrenzten. Es war die Periode der höchsten, alle Bereiche des täglichen Lebens erfassenden Not. Für den Sozialdemokraten Scheidemann ging es um Arbeit, Sozialreform und soziale Fürsorge. Er wollte der Verarmung und Verelendung der Arbeiterschaft, der Kleinrentner und Pensionäre gegensteuern, setzte alles daran, die Auswirkungen der dramatischen, kontinuierlich zunehmenden Krise sozialpolitisch abzufedern und die Verelendung abzumildern – so gut es zumindest die Finanzlage der Stadt zuließ. Gewiss tat er dies alles nicht ohne Erfolg. Dabei gelang es ihm partiell auch, Zukunftweisendes auf sozialpolitischem Feld zu realisieren.

Im Visier der Republikgegner

Dabei stand er immer im Fokus der Gegner. Für das konservative Bürgertum waren die Sozialdemokraten nicht nur verantwortlich für den Untergang des geliebten Kaiserreiches. Weil man die bis zuletzt kaum erwartete Kriegsniederlage nicht verkraftete, wurde den Sozialdemokraten die Schuld in die Schuhe geschoben. Weit über monarchistische Kreise hinaus grassierte der Irrglauben, des sicher geglaubten Sieges beraubt worden zu sein, weil die vaterlandslosen Gesellen an der Spitze der frevelhaften revolutionären Bewegung den tapfer kämpfenden Soldaten in den Rücken gefallen seien, sie von hinten „erdolcht" hätten. Das zumindest wollte die populäre Dolchstoßlegende glauben machen, die eine Erklärung für die Kriegsniederlage und den daraus resultierenden Schandfrieden bot.

Mit der brunnenvergiftenden Dolchstoßlüge hatten die dem Kaiserreich nachtrauenden Kreise ihre Feindbilder ausgemacht: die Sozialisten und ganz vorn Scheidemann, der mit der Ausrufung der Republik nicht nur das Kaiserreich zum Einsturz gebracht, sondern auch die Kriegsniederlage besiegelt, ja gar herbeigeführt habe. So wurde er für die Rückwärtsgewandten zur negativen Symbolfigur, zum Landesverräter, zum Mann des Dolchstoßes.

Ihn begleitete seit der Revolutionszeit eine regelrechte Hetzkampagne. Auch in seiner Zeit als Oberbürgermeister ließen die Republikgegner keine Gelegenheit ungenutzt, seine Person schonungslos zu attackieren. Er sah sich einem unwürdigen Kesseltreiben ausgesetzt. Ihm selbst war klar, dass diese „Dreckwerferei" nie aufhören werde. Dagegen sei man machtlos, wie er schon 1920 einem Parteifreund schrieb: „Und wenn jeder von uns heute weiß gescheuert wird, morgen sehen wir doch wieder aus wie die Schornsteinfeger."[36] Schließlich wurde er mit Mord bedroht.

Der Drohung folgte am Pfingstsonntag 1922 die Tat, als Scheidemann im Park von Wilhelmshöhe spazieren ging: Zwei Mitglieder einer rechtsradikalen Organisation spritzten ihm Blausäure ins Gesicht – mit einem Klistierspritzball.[37] Denn für den „Novemberverbrecher" Scheidemann war eine „ehrenvolle" Kugel viel zu schade. Nur dank einer schnellen Reaktion konnte Scheidemann Schlimmeres verhüten. Das Attentat mobilisierte die Kasseler Arbeiterbewegung am 7. Juni zu einer Kundgebung von einer Größenordnung, wie sie die nordhessische Provinzhauptstadt in der jungen Republik bislang noch nicht erlebt hatte. Auf 40.000 wurde die Teilnehmerzahl geschätzt. Vor dem Rathaus richtete Scheidemann das Wort an die Demonstranten, zunächst in gewohnt sarkastischer Weise, wenn er davon sprach, dass er eigentlich um diese Zeit schon begraben sein sollte. Und trotzigkämpferisch fuhr er fort: „Ich habe immer da gestanden und werde immer da stehen, wohin mich die Partei ruft. Kein Posten war mir zu niedrig und keiner zu hoch, auf den mich die Partei rief, weil sie mir Vertrauen schenkte. Und das wird so bleiben bis an mein Lebensende. Nichts anderes will ich, als dem Volke dienen, für die Rechte des Volkes kämpfen. Es ist mir Lebensbedürfnis, für das schaffende Volk, dem ich mit Leib und Seele angehöre, zu arbeiten. Ich gelobe, dass ich das tun werde bis zum letzten Atemzug."[38]

Der Anschlag reihte sich ein in die Serie von Attentaten auf führende Repräsentanten der verhassten Republik, mit denen die junge Demokratie destabilisiert werden sollte. Keine drei Wochen später wurde Außenminister Walther Rathenau ermordet. Bei der Trauerfeier im Reichstag prägte Reichskanzler Joseph Wirth von der Zentrumspartei den Satz: „Der Feind, der sein Gift in die Wunde träufelt, dieser Feind steht rechts." Urheber dieser bald zum geflügelten Wort werdenden Formel war Scheidemann, der bereits am 7. Oktober 1919 in der Nationalversammlung eindringlich vor rechtsradikalen Treibereien gewarnt hatte: „Der Feind steht rechts".[39]

Das Kesseltreiben mit Verleumdungen und Beleidigungen setzte sich auch nach dem Attentat fort. Seine Freiheit war angesichts der steten Gefahr eingeschränkt. Die Polizei riet zu Vorsichtsmaßnahmen: dauernder Verschluss der Fenster im Erdgeschoss und Anbringen von lichtundurchlässigen Vorhängen in der Wohnung, Mitnahme schussbereiter Waffen und Tragen einer Schussweste.[40] Auch wenn Scheidemann von direkten tragischen Folgen der Hetzkampagne verschont blieb, so machte er die Beleidigungen und Verleumdungen verantwortlich für den Tod seiner Frau Johanna, die Ende August 1926 im Alter von 62 Jahren nach einem Schlaganfall verstarb.[41]

„Der Feind steht rechts": Drei Tage nach dem Attentat mahnt Scheidemann am 7. Juni 1922 vor dem Rathaus zur Wachsamkeit vor den Gefahren für die Demokratie.

Über diese Hatz hinaus wurde die Situation in Kassel nach den Kommunalwahlen vom Mai 1924 auch politisch immer schwieriger. Denn die SPD verlor ihre Mehrheit, rutschte auf 32,8 Prozent ab und verfügte nur noch über 19 von 55 Mandaten, so dass das Regieren für Scheidemann immer schwieriger wurde, sah er sich doch einer bürgerlichen Mehrheit gegenüber, die nicht nur seine Politik kritisierte, sondern offen seinen Rücktritt forderte. Im Juni 1924 erreichte ein Misstrauensantrag der rechten Parteien eine Mehrheit von 24 gegen 19 Stimmen. Das blieb jedoch ohne Konsequenzen, denn nicht einmal die Hälfte der 55 Stadtverordneten hatte dafür votiert. Außerdem bedurfte der Oberbürgermeister, einmal gewählt, nach der preußischen Städteordnung nicht des Vertrauens der Stadtverordnetenversammlung. Also blieb Scheidemann zunächst gelassen: „Was kümmert's mich, wenn mich die Möpse anbellen."[42] Die bürgerliche Parlamentsmehrheit ließ nicht locker und fasste kurzerhand den Beschluss, Scheidemann in den vorzeitigen Ruhestand zu schicken. Das löste ein rechtliches Hickhack aus, bis er schließlich nach der Hälfte seiner 12-jährigen Amtszeit aufgab, amtsmüde, zermürbt und schwer krank. Besonders an einem Zwölffingerdarmgeschwür leidend, was ihn zu mehrwöchigen Klinikaufenthalten zwang, hatte die jahrelange Treibjagd Scheidemanns Gesundheit schwer beeinträchtigt. Der nunmehr im 60. Lebensjahr stehende Politiker wollte nicht mehr. Resignation war eigentlich ein untypischer Charakterzug für den Mann, der im Reichstag 1920 seine zuversichtliche Grundhaltung in den Satz gefasst hatte: „Sozialist sein heißt Optimist sein."[43] Er trat zum 1. Oktober 1925 vom Amt des Oberbürgermeisters zurück.

Kämpfer für die Republik

Im Oktober 1925 verließ Scheidemann seine Heimatstadt – und zwar für immer. Er siedelte zurück in die Reichshauptstadt; seine Verbundenheit mit Kassel blieb, denn bis zum Ende der Weimarer Republik saß er für den Wahlkreis Hessen-Nassau, zu dem auch Kassel gehörte, im Reichstag. Immer wieder kehrte er auch als Redner zurück in seine Geburtsstadt. Doch wurde es um ihn merklich stiller, auch wenn er weiter auf der Reichstagstribüne glänzte und bei heiklen Fragen von der Partei als „rhetorisches Sturmgeschütz"[44] ins Feuer geschickt wurde. Im Dezember 1926 prangerte er in seiner letzten Reichstagsrede die illegale geheime Kooperation zwischen deutscher Reichswehr und sowjetrussischer Roter Armee an.

Seine Ziele blieben, wie er sie Ende 1919 formuliert hatte: „Die Republik sichern, die Demokratie schützen und so dem Sozialismus erst die Wege ebnen."[45] Er blieb Mahner vor der rechten Gefahr, vor der anschwellenden braunen Flut der NSDAP. Am 17. März 1929 hielt er zwei öffentliche Reden, eine vormittags in Berlin, eine am Abend in Kassel. Darin warnte Scheidemann vor den Nationalsozialisten: „Nehmen wir an, dass die Reaktion zum Siege gelangen könnte – glaubt jemand, dass drei Tage später noch ein Republikaner in seinem Amte sein würde?"[46] Der Mitbegründer der Republik bewies sich damit als Prophet. Seine Vorausschau zeigte jedoch nicht im Entferntesten auf, mit welcher Unmenschlichkeit die vier Jahre später von verantwortungslosen konservativ-antirepublikanischen Steigbügelhaltern in den Sattel der Macht gehobenen Nationalsozialisten zunächst das Deutsche Reich, dann die Welt überziehen sollten. Das Ausmaß der Brutalität und Menschenverachtung der NS-Diktatur lag außerhalb des Vorstellbaren.

Als einer von den Nationalsozialisten meistgehassten Männer der ersten Republik musste Scheide-

Philipp Scheidemann bei der Verfassungsfeier im August 1930 in Kassel.

mann nach der Machtübernahme Hitlers Hals über Kopf Ende Februar 1933 emigrieren. Man hatte ihn schon Monate zuvor vor möglichen Repressalien gewarnt, falls die Nationalsozialisten die Herrschaft an sich reißen würden. Er floh in Begleitung seiner Tochter Luise vor den Häschern und gelangte über Prag, wo er vorübergehend in einer Ein-Zimmer-Wohnung Unterschlupf fand, schließlich im August 1934 nach Kopenhagen. Die Nationalsozialisten, die ihm im August 1933 als Ikone der Republik als einem der ersten Gegner die Staatsbürgerschaft aberkannten[47], versuchten sich stellvertretend für den ihren Fängen Entkommenen an seinen beiden anderen im Reich des Unrechts verbliebenen Töchtern zu rächen. Im Mai 1933 nahmen sich die älteste Tochter Lina und deren Mann Ernst Katz nach Misshandlungen durch die Nationalsozialisten das Leben. Die jüngste kränkliche Tochter Hedwig starb nach einer Operation im Oktober 1935; die Verfolgung durch die Nationalsozialisten hatte sie herzkrank gemacht. Scheidemann konnte nicht einmal an Gräbern Abschied von seinen Kindern nehmen.

Verbittert verstarb Philipp Scheidemann – „ausgebürgert, heimatlos und besitzlos"[48] – am 29. November 1939 in seinem Kopenhagener Exil. Im Februar 1939 hatte der an Darmkrebs leidende 73-Jährige noch eine Vortragsreise durch Schweden unternommen. Noch immer besaß er einen guten Ruf in der internationalen sozialistischen Bewegung. Wenige Monate später aber endete der Lebensweg des großen deutschen Sozialdemokraten. Etwa 100 deutsche Emigranten gaben ihm das letzte Geleit. Die Presse der Nationalsozialisten meldete mit zynischer Genugtuung den Tod eines „der unrühmlichst bekannten Figuren der Systemzeit".[49] Ganz anders sah das freilich die Zeitung der dänischen Sozialdemokratie: „Gestern starb einer der besten Söhne Deutschlands, der erste Reichskanzler des demokratischen Deutschlands, Philipp Scheidemann."[50] Die „Washington Post" schrieb: „Der letzte der großen Gestalten des deutschen Vorkriegssozialismus ist gestorben."[51] 14 Jahre später überbrachte Kopenhagens Oberbürgermeister die Urne nach Kassel, die im November 1954 feierlich auf dem Hauptfriedhof begraben wurde.

Epilog

Philipp Scheidemanns Verdienste um die deutsche Demokratie waren vielschichtig. Er hatte dazu beigetragen, die SPD zur stärksten Kraft im Kaiserreich zu formen und diese schließlich am Ende des Weltkrieges regierungsfähig zu machen. Mit der Ausrufung der Republik am 9. November 1918 legte er den Weg in die Demokratie frei, an deren Wiege er als Pate stand. Als Mitglied der revolutionären Übergangsregierung 1918/19 und als erster demokratisch gewählter Regierungschef der Republik 1919 trug er in einer Zeit unvorstellbarer Belastungen und Verwerfungen Verantwortung für die Begründung der Republik, die er bis zuletzt entschieden verteidigte. Doch nicht alle seine politischen Kämpfe hatte er gewonnen, wie die „Washington Post" zum Tode schrieb. „Jede Schlacht hat er verloren, außer derjenigen um seine persönliche Integrität"[52]. Gewiss – er war nicht immer als Sieger aus Konflikten und Kämpfen hervorgegangen. Zudem hatte er zwei politische Ämter möglicherweise zu schnell aufgegeben, vielleicht auch, weil ihm die Ader für praktisches Verwaltungshandeln fehlte. Doch ungeachtet dessen zählt der gebürtige Kasseler zu den Großen der deutschen Arbeiterbewegung seiner Zeit und gehört als Begründer und Verteidiger der ersten Republik in die Reihe der Wegbereiter der deutschen Demokratie.

Anmerkungen

1 Scheidemann, Memoiren 2, S. 296.

2 Das Nachfolgende ist eine auszugsweise Mitschrift der nicht ganz vierminütigen Tonaufnahme; diese auf der CD: Stimmen des 20. Jahrhunderts: Die Reichskanzler der Weimarer Republik in Originaltonaufnahmen, hrsg. vom Deutschen Historischen Museum u. a., Frankfurt a. M. 2003.

3 http://www.sammlungen.hu-berlin.de/dokumente/16148/ (abgerufen am 29. Juli 2016).

4 Scheidemann, Memoiren 2, S. 310 f.

5 In Scheidemann, Memoiren 2, zwischen S. 312 und S. 313 ist lediglich eine Zeichnung abgedruckt, die Scheidemann auf dem Balkon zeigt, wie er zu den Massen spricht.

6 Rürup, S. 68.

7 Scheidemann, Memoiren 1, S. 1.

8 Protokoll über die Verhandlungen des Parteitages der Sozialdemokratischen Partei Deutschlands. Abgehalten in Kassel vom 10. bis 16. Oktober 1920, Berlin 1920 (unveränderter Nachdruck Bonn/Bad Godesberg 1973), S. 5.

9 Scheidemann im Vorwort zu seinen Memoiren 1, S. IX.

10 So in einem Zeitungsartikel: „Casseler Volksblatt" Nr. 146 vom 25. Juni 1921.

11 Henner Piffendeckel (d. i. Philipp Scheidemann): Casseläner Jungen. Mundartliche Geschichderchen, Cassel 1910; Zitat in dieser Erstausgabe S. 3.

12 So das sozialdemokratische „Casseler Volksblatt" Nr. 25 vom 30. Januar 1925.

13 Scheidemann, Memoiren 1, S. 165. Vielfach zitiert, u. a. bei Gesser, S. 63.

14 Geschildert von ihm in Philipp Scheidemann: Zwischen den Gefechten, Berlin o. J. [1919], S. 113 ff.

15 Schmersal, S. 44.

16 Scheidemann, Memoiren 1, S. 224.

17 Philipp Scheidemann: Zur Neuorientierung der inneren Politik, in: Friedrich Thimme/Carl Legien (Hrsg.): Die Arbeiterschaft im neuen Deutschland, Leipzig 1915, S. 58–67, Zitat S. 67.

18 Schmersal, S. 94.

19 So der führende liberale Reichstagsabgeordnete Conrad Haußmann im April 1917; Schmersal, S. 103.

20 Vgl. Scheidemann, Memoiren 1, S. 261.

21 Protokoll über die Verhandlungen des Parteitages der Sozialdemokratischen Partei Deutschlands. Abgehalten in Würzburg vom 14. bis 20. Oktober 1917, Berlin 1917 (unveränderter Nachdruck Bonn/Bad Godesberg 1973), S. 406.

22 Scheidemann, Memoiren 2, S. 190.

23 Scheidemann, Zusammenbruch, S. 205.

24 Charakterisierung bei Scheidemann, Zusammenbruch, S. 211.

25 Allgemeiner Kongreß der Arbeiter- und Soldatenräte Deutschlands. Vom 16. bis 21. Dezember 1918 im Abgeordnetenhause zu Berlin. Stenographische Berichte. Eingeleitet von Friedrich Helm und Peter Schmitt-Egner. Unveränderter Neudruck der Ausgabe Berlin 1919, Glashütten im Taunus 1972, Zitate S. 269 und S. 270.

26 Scheidemann, Memoiren 2, S. 325.

27 Zitiert bei Mühlhausen, Ebert, S. 158.

28 Verhandlungen der verfassunggebenden Deutschen Nationalversammlung, Bd. 326. Stenographische Berichte, Berlin 1920, S. 47.

29 Verhandlungen der verfassunggebenden Deutschen Nationalversammlung, Bd. 327. Stenographische Berichte, Berlin 1920, S. 1083; Scheidemann, Memoiren 2, S. 367.

30 Archiv der sozialen Demokratie, Bonn, Teilnachlass Philipp Scheidemann: Scheidemann an den SPD-Redakteur Erich Kuttner, 22. Dezember 1932.

31 „Casseler Volksblatt" Nr. 58 vom 9. März 1920.

32 Rede gedruckt als: Es lebe die Republik! Scheidemanns Rede in Stuttgart. Sitzung der National-Versammlung vom 18. März 1920, Cassel o. J. [1920].

33 Scheidemann, Memoiren 1, S. 101.

34 „Casseler Volksblatt" Nr. 148 vom 28. Juni 1921; vgl. Mühlhausen, Scheidemann, S. 113.

35 Wilhelm Dittmann: Erinnerungen. Bearb. und eingeleitet von Jürgen Rojahn, Frankfurt a. M. / New York 1995, Bd. 2, S. 848.

36 Bundesarchiv Berlin, Nachlass Konrad Haenisch 329, pag. 11: Scheidemann an Haenisch, 14. Juli 1920.

37 Das Blausäure-Attentat auf Scheidemann. Aktenmäßige Darstellung auf Grund der Verhandlungen vor dem Staatsgerichtshof von Justizrat Dr. Johannes Werthauer, Berlin 1923.

38 „Casseler Volksblatt" Nr. 131 vom 8. Juni 1922.

39 Verhandlungen der verfassunggebenden Deutschen Nationalversammlung, Bd. 327. Stenographische Berichte, Bd. 330, Berlin 1920, S. 2888; Rede auch in: Philipp Scheidemann: Der Feind steht rechts! Arbeiter seid einig! Zwei Reden, Berlin 1919, Zitat S. 21.

40 Scheidemann, Memoiren 2, S. 419.

41 Scheidemann, Memoiren 2, S. 418.

42 Zitiert bei Mühlhausen, Scheidemann, S. 142.

43 Am 28. Oktober 1920; Rede gedruckt in: Philipp Scheidemann: Die Republik in Gefahr!, Kassel o. J. [1920], ohne Seitenzahlen, Zitat auf letzter Seite.

44 Braun, Die Reichskanzler, S. 124.

45 Vor dem SPD-Parteiausschuss am 13. Dezember 1919; Protokolle der Sitzungen des Parteiausschusses der SPD 1912 bis 1921. [...], Nachdrucke. Hrsg. von Dieter Dowe. Mit einer Einleitung von Friedhelm Boll, Berlin / Bonn 1980, S. 726.

46 Gedruckt als Philipp Scheidemann: Deutsche Politik, Kassel 1929, Zitat S. 30.

47 Auf der Liste derer, die im „Illustrierten Beobachter" am 9. September 1933 (in: Braun, Die Weimarer Reichskanzler, S. 97) als „Volksverräter" diffamiert wurden und denen die Nationalsozialisten die Staatsbürgerschaft aberkannten, findet sich das Porträt von Scheidemann an erster Stelle.

48 Zitat bei Scheidemann, Versagen, S. 48.

49 Ungezeichneter Zeitungsausschnitt im Stadtarchiv Kassel, Sammlung Scheidemann 4.

50 Artikel in der dänischen Zeitung „Social-Democraten" vom 30. November 1939, ein Exemplar in: Stadtarchiv Kassel, Sammlung Scheidemann 3.

51 Zitat u. a. bei Mühlhausen, Scheidemann, S. 177.

52 Siehe Fußnote 49.

Weiterführende Literatur

BRAUN, BERND: Die Reichskanzler der Weimarer Republik. Von Scheidemann bis Schleicher, Stuttgart 2013

BRAUN, BERND: Die Weimarer Reichskanzler – Zwölf Lebensbilder in Bildern, Düsseldorf 2011

Das Kabinett Scheidemann. 13. Februar bis 20. Juni 1919, bearb. von HAGEN SCHULZE, Boppard/Rh. 1971

FESSER, GERD: Philipp Scheidemann (1865–1939), in: MICHAEL FRÖHLICH (Hrsg.): Die Weimarer Republik. Portrait einer Epoche in Biographien, Darmstadt 2002, S. 62–72

GELLINEK, CHRISTIAN: Philipp Scheidemann. Eine biographische Skizze, Köln 1994

GELLINEK, CHRISTIAN: Philipp Scheidemann. Gedächtnis und Erinnerung, Münster 2006

JESSEN-KLINGENBERG, MANFRED: Die Ausrufung der Republik durch Philipp Scheidemann am 9. November 1918, in: Geschichte in Wissenschaft und Unterricht 19 (1968) S. 649–656

LADEMACHER, HORST: Philipp Scheidemann 1865–1939, in: WILHELM VON STERNBURG (Hrsg.): Die deutschen Kanzler. Von Bismarck bis Merkel, Berlin 2006, S. 211–230

MÜHLHAUSEN, WALTER: Das große Ganze im Auge behalten. Philipp Scheidemann – Oberbürgermeister von Kassel 1920–1925, Marburg 2011

MÜHLHAUSEN, WALTER: Friedrich Ebert 1871–1925. Reichspräsident der Weimarer Republik, Bonn 2. Aufl. 2007

Philipp Scheidemann 1865–1939. Hrsg. von der Stadtsparkasse Kassel, Kassel 1993

RÜRUP, REINHARD: Die „Ausrufung der Republik" durch Philipp Scheidemann am 9. November 1918, in: BERND FAULENBACH / ANDREAS HELLE (Hrsg.): Menschen, Ideen, Wegmarken. Aus 150 Jahren deutscher Sozialdemokratie, Berlin 2013, S. 62–72

SCHEIDEMANN, PHILIPP: Das historische Versagen der SPD. Schriften aus dem Exil. Hrsg. von FRANK R. REITZLE, Lüneburg 2002

SCHEIDEMANN, PHILIPP: Der Zusammenbruch, Berlin 1921

SCHEIDEMANN, PHILIPP: Memoiren eines Sozialdemokraten, 2 Bde., Dresden 1928

SCHMERSAL, HELMUT: Philipp Scheidemann 1865–1939. Ein vergessener Sozialdemokrat, Frankfurt a. M. 1999

WINKLER, HEINRICH AUGUST: Von der Revolution zur Stabilisierung. Arbeiter und Arbeiterbewegung in der Weimarer Republik 1918 bis 1924, Berlin / Bonn 1984

WITT, PETER-CHRISTIAN: Philipp Scheidemann, in: HANS SARKOWICZ / ULRICH SONNENSCHEIN (Hrsg.): Die großen Hessen, Frankfurt a. M. / Leipzig 2. Aufl. 1997, S. 275–282

Blickpunkt Hessen

In dieser Reihe werden gesellschaftspolitische Themen als Kurzinformationen aufgegriffen. Zur Themenpalette gehören Portraits bedeutender hessischer Persönlichkeiten, hessische Geschichte sowie die Entwicklung von Politik und Kultur. Hrsg.: Angelika Röming. Bisher sind erschienen:

Blickpunkt Hessen 1:	Erwin Stein – Mitgestalter des neuen Bundeslandes Hessen
Blickpunkt Hessen 2:	Fritz Bauer und die Aufarbeitung der NS-Verbrechen nach 1945
Blickpunkt Hessen 3:	Carl Ulrich – Vom sozialdemokratischen Parteiführer zum hessischen Staatspräsidenten
Blickpunkt Hessen 4:	Die Gründung des Landes Hessen 1945
Blickpunkt Hessen 5:	Eugen Kogon – Ein Leben für Humanismus, Freiheit und Demokratie
Blickpunkt Hessen 6:	Hessische Grenzmuseen: Point Alpha und Schifflersgrund
Blickpunkt Hessen 7:	Hessische Partnerregionen: Emilia-Romagna, Aquitaine, Wielkopolska, Wisconsin, Jaroslawl
Blickpunkt Hessen 8:	Oskar Schindler – Vater Courage
Blickpunkt Hessen 9:	Lokaljournalismus zwischen Weimarer Republik und NS-Zeit am Beispiel der Bensheimer Presse
Blickpunkt Hessen 10:	1908: Studentinnen in hessischen Hörsälen
Blickpunkt Hessen 11:	Die Spielregeln der Demokratie in den hessischen Gemeinden – 200 Jahre Magistratsverfassung
Blickpunkt Hessen 12:	Leben und Wirken Georg Büchners und seiner Familie in Hessen
Blickpunkt Hessen 13:	Kleindenkmale schreiben Geschichte: Historische Grenzsteine in Hessen
Blickpunkt Hessen 14:	Nachhaltigkeit in Hessen – Ansätze für kommunales Handeln
Blickpunkt Hessen 15:	Als die Synagogen brannten – Die November-Pogrome 1938 in Hessen
Blickpunkt Hessen 16:	„... weit mehr als ein Gerichtsverfahren ..." Der Auschwitz-Prozess 1963 bis 1965 in Frankfurt am Main
Blickpunkt Hessen 17:	Christian Stock (1884–1967) – Arbeiterführer, Sozialpolitiker, Ministerpräsident
Blickpunkt Hessen 18:	Der „20. Juli 1944" und Hessen – Ein Rückblick nach 70 Jahren
Blickpunkt Hessen 19:	Die Karriere einer Ausstellung – 60 Jahre documenta
Blickpunkt Hessen 20:	Die Entstehung der Hessischen Verfassung 1946
Blickpunkt Hessen 21:	Georg August Zinn – Baumeister des modernen Hessen